La plupart des gens riches et puissants ne sont pas particulièrement doués, sympathiques, cultivés ou beaux.

Φ

Pour Toni.

Ils deviennent riches et puissants parce qu'ils *veulent* être riches et puissants.

Savoir où vous voulez aller, qui vous voulez devenir, c'est votre meilleur atout.

Sans but, il est difficile de marquer des points.

SOMMAIRE.

Pourquoi viser l'excellence alors que tout
nous incite à la médiocrité ? 10

Quel niveau visez-vous ? 12

Vous pouvez réussir l'impossible. 17

« Je veux être aussi célèbre
que Persil. » 18

Avez-vous remarqué que les premiers
de la classe ne sont pas ceux qui
réussissent dans la vie ? 20

LES BASES.

L'énergie. 24

Ne cherchez pas les compliments,
mais les critiques. 26

C'est moi le fautif. 28

Ne gardez pas vos idées pour vous. 30

N'attendez pas la prochaine occasion.
Le moment de faire vos preuves,
c'est maintenant. 32

Accentuez le positif. 34

Éliminez le négatif. 35

Ne cherchez pas à paraître génial
lors d'une présentation. 36

Ne promettez pas ce que
vous ne pouvez pas réaliser. 38

Déchiffrez les objectifs
de votre client. 40

Que faites-vous
si le client n'adhère pas à votre idée ? 42

Ne restez pas sur un refus. 44

Quand c'est infaisable, faites-le.
Si vous ne le faites pas,
ça n'existe pas. 46

SI VOUS N'ARRIVEZ PAS À RÉSOUDRE UN PROBLÈME, C'EST PARCE QUE VOUS SUIVEZ LES RÈGLES.

Celui qui ne se trompe jamais
a peu de chances de réussir. 50

« Échouer, échouer encore.
Échouer mieux. » 52

On a tort d'avoir raison. 54

On a raison d'avoir tort. 56

N'ayez pas peur des idées stupides. 58

METTEZ-VOUS EN VALEUR.

Jouez la bonne carte. 64

L'important, ce n'est pas
ce qu'on sait. 66

Mais qui on connaît. 67

Ne faites pas de discours.
Faites un numéro. 68

Être licencié peut vous faire progresser
dans votre carrière. 70

ET MAINTENANT, UNE PAGE DE PUBLICITÉ.

Pour faire une maquette,
il faut avoir une idée. 74

Composez votre annonce
en partant du point le plus faible. 78

Un croquis sommaire est plus vendeur
qu'une maquette finalisée. 80

Si vous séchez, changez de stylo. 82

Le travail de vos prestataires
dépend de vous. 84

N'ayez pas peur de travailler
avec les meilleurs. 86

Allez voir ailleurs que dans la pub. 88

Ne cherchez pas à gagner un prix. 90

PAS BESOIN D'ÊTRE UN CRÉATIF POUR ÊTRE CRÉATIF.

Comment renforcer
le prestige de votre entreprise. 94

Un chef de groupe
peut jouer un rôle clé. 98

Un chef de pub junior
peut jouer un rôle clé. 99

Un acheteur d'espaces
peut jouer un rôle clé. 101

NOUVEAUX HORIZONS.

Que signifie le mot « créatif » ? 104

Comment améliorer vos chances
de réussite. 106

ULTIMES RÉFLEXIONS.

Mon meilleur souvenir. 114

Sermon. 118

Les étapes créatrices de la vie. 120

Mots d'esprit et de sagesse. 122

POURQUOI VISER L'EXCELLENCE ALORS QUE TOUT NOUS INCITE À LA MÉDIOCRITÉ ?

DANS LE MONDE du travail, on nous demande rarement d'être excellents. On nous demande bien plus souvent d'être médiocres.

À vrai dire, j'en suis ravi.

Imaginez un monde où tous les clients seraient formidables, où nous pourrions rendre ce qui nous chante sans la moindre restriction, et où chacun aurait la liberté de développer toutes ses idées les plus folles, sans clients casse-pieds pour le gêner.

Serions-nous satisfaits ?

Non, révoltés : « C'est assommant ! Comment cesser de briller ? Rendons un travail mal fait, affreux et bricolé sans moyens. »

Les créatifs sont comme ça. Ils ont toujours besoin de se rebeller contre quelque chose, c'est ce qui met du piment dans leur vie, et ce sont les créatifs qui pimentent la vie des clients.

Je fais ça pour moi.

QUEL NIVEAU VISEZ-VOUS ?

Assez bon.

Bon.

Très bon.

Le meilleur dans votre domaine.   Le meilleur au monde.

NOUS VOULONS TOUS être bons dans notre métier. Mais quel niveau voulons-nous atteindre, précisément ?

Assez bon ?

Bon ?

Très bon ?

Le meilleur dans notre domaine ?

Ou le meilleur au monde ?

Le talent, ça aide, mais ça ne vous mènera pas aussi loin que l'ambition.

Tout le monde veut être bon, mais peu de gens sont prêts à faire les sacrifices nécessaires pour arriver au sommet.

Beaucoup préfèrent être aimables pour qu'on les apprécie. Il n'y a pas de mal à ça, mais ne confondez pas être bon et être apprécié.

La plupart des gens cherchent une solution, un moyen pour progresser.

Il n'y a pas de solution miracle. Le seul moyen d'apprendre, c'est par l'expérience et les erreurs.

Quoi que vous visiez, vous y arriverez.

Ça pourrait être vous, là-haut.

Où vous situez-vous ?

VOUS POUVEZ RÉUSSIR L'IMPOSSIBLE.

———————

AVANT TOUT, vous devez vous fixer un objectif au-delà de vos capacités.

Apprenez à ignorer totalement vos limites.

Essayez de faire ce dont vous êtes incapable.

Si vous vous croyez incapable d'intégrer la meilleure entreprise dans votre domaine, faites-en votre objectif.

Si vous vous croyez inapte à diriger une entreprise, faites-en votre objectif.

Si vous vous croyez incapable d'avoir votre photo en couverture du *Time*, mettez-vous en quatre pour y arriver.

Quel que soit l'avenir dont vous rêvez, faites-en une réalité.

Rien n'est impossible.

«JE VEUX ÊTRE AUSSI CÉLÈBRE QUE PERSIL*.»

Victoria Beckham

ADOLESCENTE, Victoria Beckham n'avait pas seulement l'ambition de faire mieux que ses copines ni même de réussir dans la chanson, mais surtout de devenir une marque mondialement connue.

Elle ne s'est pas contentée d'en rêver : sa volonté était si forte qu'elle a tout mis en œuvre pour y arriver. C'est ce qui la différencie de la plupart d'entre nous.

L'important, ce n'est pas ce qu'elle était, mais ce qu'elle voulait être.

Dans sa déclaration, Victoria ne se compare pas à George Michael ou à Mariah Carey ; sa référence en matière de célébrité, c'est une lessive.

On peut en rire, mais c'est à cette vision originale que Victoria doit d'être arrivée là où elle est aujourd'hui.

* L'une des marques de lessive les plus vendues en Grande-Bretagne.

On ne la présente plus.

AVEZ-VOUS REMARQUÉ QUE LES PREMIERS DE LA CLASSE NE SONT PAS CEUX QUI RÉUSSISSENT DANS LA VIE?

CE QU'ON APPREND à l'école, ce sont des faits, des faits établis.

Pendant votre scolarité, vous devez accumuler et mémoriser des faits.

VOUS VOYEZ CE GARÇON ?

Plus on est capable d'en retenir, mieux on réussit.

Les mauvais élèves ne s'intéressent pas aux faits ; ou peut-être est-ce la façon dont on leur présente les faits qu'ils trouvent inintéressante.

Certains n'ont pas une très bonne mémoire, tout simplement.

Ça ne veut pas dire qu'ils sont idiots. Ça veut dire que le système scolaire n'a pas su stimuler leur imagination.

Les gens dotés d'une intelligence conventionnelle obtiennent des postes grâce à leurs qualifications (le passé) et non à leur envie de réussir (le futur).

Naturellement, ils se feront doubler par ceux qui cherchent en permanence à se surpasser.

Du moment que vous avez un but, toutes les réussites sont possibles.

C'EST UN
PUBLICITAIRE NÉ.

Les bases.

L'ÉNERGIE.

C'EST 75 % de la réussite.
Si vous n'en avez pas, soyez sympa.

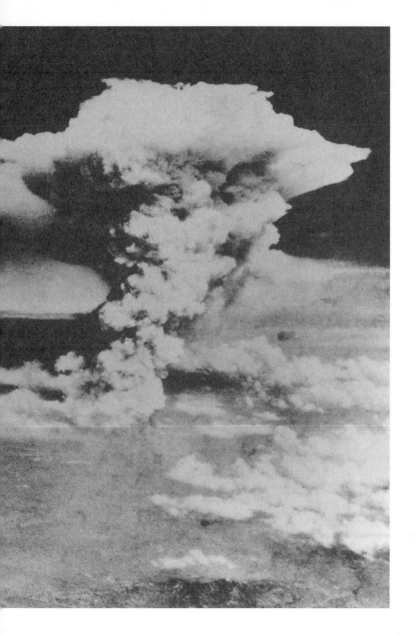

NE CHERCHEZ PAS LES COMPLIMENTS, MAIS LES CRITIQUES.

C'EST ASSEZ FACILE de recevoir des compliments : il suffit de questionner suffisamment de monde, ou de s'adresser aux gens susceptibles d'aller dans notre sens.

Selon toute probabilité, ils diront des choses agréables et ne seront pas trop critiques. D'autre part, on a tendance à ignorer ce qui est désagréable pour ne retenir que ce que l'on veut entendre.

Alors, si votre travail est correct mais sans plus, vous vous serez prouvé qu'il est bon simplement parce que d'autres vous l'auront dit.

Correct, il l'est sans doute. Mais de là à être excellent...

Si, au lieu d'attendre des louanges, vous demandez : « Qu'est-ce qui ne va pas dans mon projet ? Comment puis-je l'améliorer ? », vous aurez plus de chances d'obtenir une réponse sincère et objective.

Et peut-être même d'affiner votre idée.

Ce qui ne vous interdit pas d'écarter les critiques que vous estimez injustifiées.

Vous voyez quelque chose à redire là-dedans ?

C'EST MOI LE FAUTIF.

SI UN PROJET auquel vous avez participé échoue, ne reportez jamais la faute sur les autres. N'accusez que vous-même.

Si vous êtes intervenu d'une manière ou d'une autre, assumez l'entière responsabilité de ce projet.

Si vous endossez la responsabilité, vous êtes en position de réagir.

Voici quelques excuses courantes en cas d'échec :

1. *Ce dossier était monstrueux.*
2. *J'ai besoin d'un meilleur collaborateur.*
3. *Le budget était trop restreint pour faire du bon travail.*
4. *Le réalisateur ne m'a pas écouté.*
5. *J'étais débordé par d'autres projets.*
6. *On ne m'a pas donné assez de temps.*
7. *Le client a écarté les meilleures idées.*

On rencontre ce genre de difficultés tous les jours dans toutes les professions. Ça ne changera pas.

En conclusion, même si d'autres ont commis des erreurs, c'est à vous d'endosser la responsabilité.

Aucune excuse n'est valable.

Pour l'oie, c'est la faute de l'enfant; pour l'enfant, c'est la faute de l'oie.

NE GARDEZ PAS VOS IDÉES POUR VOUS.

Partagez tout ce que vous savez, vous en apprendrez d'autant plus.

RAPPELEZ-VOUS : à l'école, certains élèves posaient le bras devant leur cahier ou leur copie pour vous empêcher de voir leurs réponses.

C'est la même chose au travail : les gens gardent jalousement leurs idées. « Ne leur parle pas de ça, sinon ils vont le reprendre à leur compte. »

Quand on garde tout pour soi, on finit par vivre sur ses réserves. Et par se dessécher.

Si vous donnez tout ce que vous avez, il ne vous reste plus rien. Ce qui vous force à chercher, à vous tenir au courant, à vous renouveler.

D'une certaine manière, plus on donne, plus on reçoit.

Les idées sont à tout le monde. *N'en revendiquez pas la propriété.*

De toute façon, ce ne sont pas vos idées, mais celles de quelqu'un d'autre. Les idées sont dans l'air.

Il vous suffit de vous mettre dans la bonne disposition d'esprit pour les cueillir au vol.

En gardant tout pour elle, elle limite déjà ses capacités.

N'ATTENDEZ PAS LA PROCHAINE OCCASION. LE MOMENT DE FAIRE VOS PREUVES, C'EST MAINTENANT.

ON EST TOUJOURS dans l'attente de la mission idéale proposée par le client idéal.

Elle n'arrive presque jamais.

En ce moment même, vous êtes peut-être sur un dossier ou un projet et vous vous dites : « Quelle barbe ! Allez, je m'y colle et je m'en débarrasse. Je ferai mieux pour le prochain. »

Mais c'est le dossier qui est sur votre bureau en ce moment qui est important. Attachez-vous à le traiter de votre mieux.

Il n'est peut-être pas passionnant, mais au moins vous aurez la satisfaction d'avoir fait le maximum. Et ce travail vous apprendra peut-être quelque chose, qui sait ?

D'ailleurs, rien ne vous empêche d'imaginer une alternative qui fasse davantage appel à votre créativité.

Les bons dossiers ne tombent pas du ciel.

Et ce, même si vous avez la réputation de faire du bon travail (ce qui ne nuit pas, remarquez).

Les solutions qui marchent, ce sont souvent les gens peu convaincus par le projet qui les trouvent.

ACCENTUEZ LE POSITIF.

TROUVEZ les points forts de votre produit ou de votre prestation et grossissez-les, comme un caricaturiste exagère les traits d'un visage.

Par exemple, vous savez qu'un cheval est capable de sauter un ruisseau, alors vous pouvez concevoir qu'il soit capable de franchir le Grand Canyon.

Ce principe tout simple m'a fait évoluer plus vite dans mon métier que tout ce que j'ai appris par la suite.

Du moment que votre idée possède un fond de vérité, vous pouvez l'amplifier à l'infini.

Voici un exemple :

Une publicité radio pour une crème bronzante. Une voix d'Anglais expose les avantages du produit et, peu à peu, prend l'accent antillais.

Génial. Conçue et rédigée par Ron Collins

Vous savez qu'une crème bronzante ne vous rendra pas noir, mais vous pouvez concevoir qu'elle rendra votre peau café au lait.

ÉLIMINEZ LE NÉGATIF.

ÉVITEZ de dénigrer vos concurrents.

Sinon, c'est à eux que vous ferez de la publicité, pas à vous.

Vous attirerez peut-être l'attention, vous gagnerez peut-être des prix, mais vous ne ferez sans doute pas grimper les ventes.

(D'autre part, c'est beaucoup plus facile à faire.)

NE CHERCHEZ PAS À PARAÎTRE GÉNIAL LORS D'UNE PRÉSENTATION.

LES CRÉATIFS sont payés pour être créatifs.

Alors, pour justifier leur salaire, ils ont besoin de montrer qu'ils ont de bonnes idées.

Je n'ai rien contre les bonnes idées dictées par l'intuition. Ce sont souvent les meilleures. Le problème, c'est que les bonnes idées ne viennent pas sur commande, et les idées géniales encore moins.

Pour prouver leur valeur, les créatifs rendent souvent des projets qui, en surface, paraissent brillants, mais qui s'avèrent inconsistants.

S'ils prenaient le temps de définir le problème au lieu de chercher une satisfaction immédiate, ils trouveraient la solution.

Autrement dit, si vous posez la bonne question, vous trouverez la bonne réponse.

À ce sujet, un livre écrit dans les années 1950 reste d'actualité : *A Technique for Producing Ideas* de James Webb-Young.

Il ne donne pas d'idées, mais il aide à déterminer ce qu'on veut dire et à trouver une solution originale et pertinente.

« Voyez petit. » Idée géniale ou réflexion logique ?

NE PROMETTEZ PAS CE QUE VOUS NE POUVEZ PAS RÉALISER.

QUAND on vend ses idées, emporté par son enthousiasme, on a tendance à faire des promesses excessives.

L'image idéale qu'on se fait de son projet achevé ne laisse pas de place à l'échec.

Le résultat sera probablement décevant. Pas catastrophique, mais un peu en dessous de ce qu'attendait le client.

Il ne vous dira rien, mais la prochaine fois, il vous fera moins confiance.

En résumé, vous vous êtes grillé.

À l'inverse, si vous dévalorisez vos idées en signalant les faiblesses possibles et le moyen de les résoudre, non seulement vous établissez une relation de confiance avec votre client, mais en plus vous êtes capable de parer à toute éventualité.

Et si finalement le résultat est à la hauteur de vos espoirs, ce sera un plus.

Feriez-vous encore appel à cet architecte ?

DÉCHIFFREZ LES OBJECTIFS DE VOTRE CLIENT.

EN GÉNÉRAL, le client est un associé soucieux de protéger ses parts dans l'entreprise.

À tort, il assimile les idées à un risque plutôt qu'à un moyen de faire avancer sa carrière.

Sa motivation peut être très éloignée de la mission qu'il vous confie.

Cernez l'objectif de votre client.

Tous les clients ont une ambition personnelle.

Entrer au New York Yacht Club ou au Jockey Club[*].

* Clubs sportifs huppés.

Ou bien être vu à la meilleure table du Cirque ou de l'Ivy[*].

Se lancer dans le mécénat artistique.

Prendre la direction de l'entreprise.

Acheter un club de football.

Ou, plus modestement, collectionner les papillons.

Leurs aspirations n'apparaîtront jamais sur le *brief*, bien sûr.

Pendant six mois, nous avons planché sur un projet gouvernemental conçu pour aider les jeunes diplômés à trouver un emploi.

Les meilleurs éléments de l'agence ont travaillé avec passion pour aider à résoudre un problème social.

Le dossier que nous avons rendu était formidable. Nous y avions consacré un temps fou.

Il a été refusé. En bloc.

Nous n'avions pas compris, non pas l'ordre de mission, mais les enjeux politiques à lire entre les lignes.

Tout ce que voulait le ministre, c'était informer l'opinion du fait qu'il dépensait x millions en publicité pour ce projet. Il voulait montrer au public qu'il s'occupait du problème.

Pour lui, c'était une question de relations publiques. Ça n'avait absolument rien à voir avec l'humanisme.

* Restaurants courus et branchés respectivement à New York et Londres.

QUE FAITES-VOUS SI LE CLIENT N'ADHÈRE PAS À VOTRE IDÉE?

Faites à sa façon. Puis à votre façon.

LE CLIENT a souvent une idée assez claire de ce qu'il veut.

Si vous lui présentez ce que *vous* voulez et non pas ce que lui veut, il dira que ce n'est pas ce qu'il a demandé.

En revanche, si vous lui montrez d'abord ce qu'il veut, il sera détendu et disposé à regarder ce que vous voulez lui vendre.

Au lieu de le pousser dans ses derniers retranchements, vous lui avez permis de se montrer magnanime.

Donnez-lui ce qu'il veut et il pourrait bien vous donner ce que vous voulez.

Il n'est pas exclu non plus que ce soit lui qui ait raison.

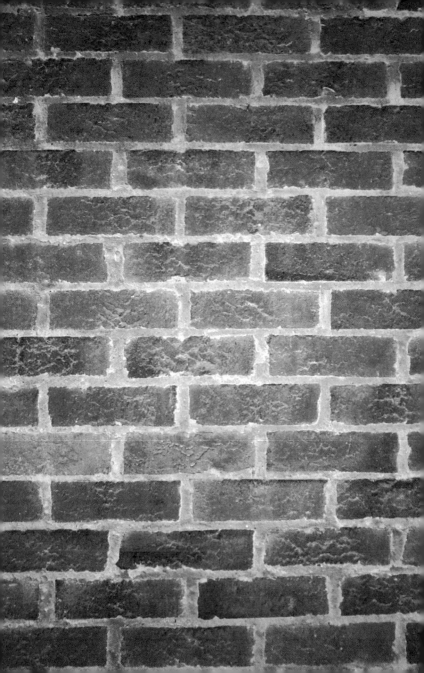

NE RESTEZ PAS SUR UN REFUS.

Interdit aux représentants.

NOUS AVIONS présenté un dossier pour un projet gouvernemental de grande envergure.

Nous étions en concurrence avec cinq autres agences.

Cette campagne nous avait pris trois mois.

Un mercredi à 17 heures, nous avons appris que nous n'étions pas parmi les trois finalistes.

Le client nous a expliqué pourquoi.

D'habitude, en pareil cas, on se dit «dommage» et on passe à autre chose. Là non.

Je suis allé trouver notre directeur général[*] et je lui ai dit: «Appelez le client et annoncez-lui que nous avons une autre campagne toute prête. Dites-lui que vous serez dans son bureau avec le dossier demain matin à 9 heures».

Nous n'avions pas d'autre campagne.

Mais le lendemain à 8 heures, nous avions totalement redéfini le concept en tenant compte des lacunes signalées dans le premier.

À 9 heures, nous présentions le dossier.

Le vendredi soir, nous apprenions que nous avions décroché le contrat.

Nous avons passé un bon week-end.

[*] Le DG était Paul Bainsfair.

QUAND C'EST INFAISABLE, FAITES-LE. SI VOUS NE LE FAITES PAS, ÇA N'EXISTE PAS.

UNE IDÉE nouvelle peut paraître bizarre ou idiote, ou les deux.

Pour en juger, un simple descriptif ne suffit pas. Il faut du concret.

À priori, personne n'acceptera d'investir dans un projet sans comprendre l'intérêt de telles dépenses. Vous n'avez donc pas d'autre choix que de retrousser vos manches.

Quoi qu'il vous en coûte.

Pour y arriver, vous serez peut-être obligé de mendier, de voler, d'emprunter... Mais ça, c'est votre problème.

C'est stimulant.

C'est difficile et passionnant.

Si c'était facile, n'importe qui pourrait le faire.

Le film *Citizen Kane* est un très bon exemple. Personne n'y croyait ; on les a forcés à y croire.

Orson Welles ne trouvait pas d'investisseurs, mais il a tout de même récolté une petite somme pour payer les acteurs.

À force de quémander et d'emprunter à droite et à gauche, d'attendrir les gens, il a pu construire des décors et tourner des bouts d'essai. À la fin, il avait réalisé un tiers du film.

SON FILM EXISTAIT.

Les investisseurs ont pu juger sur pièce. Il a obtenu l'argent.

S'il avait baissé les bras devant son projet soi-disant irréalisable, il n'aurait fait qu'allonger l'interminable liste des idées jamais concrétisées.

Welles/Kane, le gagneur

Si vous n'arrivez pas à résoudre un problème, c'est parce que vous suivez les règles.

CELIU QUI NE SE TROMPE JAMAIS A PEU DE CHANCES DE RÉUSSIR.

BENJAMIN Franklin a dit : « Je n'ai pas échoué, j'ai eu 10 000 idées qui n'ont pas marché. »

Thomas Edison a dit : « Chacune des 200 ampoules qui n'ont pas fonctionné m'a appris quelque chose dont j'ai pu tenir compte pour l'essai suivant. »

Joan Littlewood, metteur en scène de théâtre, a dit : « Celui qui ne se perd pas ne découvrira jamais de nouveaux chemins. »

Ils ont tous compris que la voie du succès est pavée d'échecs et de tâtonnements.

Dans la dernière entreprise où j'ai travaillé, on n'était pas renvoyé pour ses échecs, mais pour son manque d'initiative.

On y considérait les erreurs d'une façon constructive. C'était une entreprise géniale.

Elle doit une grande partie de sa réussite à ses échecs.

> Vous avez peut-être remarqué qu'il y a une coquille dans le titre de ce chapitre.
>
> Elle est totalement involontaire.
>
> Lucinda a fait une faute de frappe.
>
> C'est purement fortuit si cela s'est produit sur cette page.

« IL N'Y A PAS DE SIGNE PLUS ÉVIDENT DE DÉRANGEMENT MENTAL QUE DE REFAIRE SANS CESSE LA MÊME CHOSE EN ESCOMPTANT UN RÉSULTAT DIFFÉRENT. »

Einstein

« ÉCHOUER, ÉCHOUER ENCORE.

ÉCHOUER MIEUX. »

Samuel Beckett

ON A TORT D'AVOIR RAISON.

ON ESTIME avoir raison parce qu'on se réfère à un savoir et à une expérience. On peut souvent le prouver.

Le savoir vient du passé. C'est donc une valeur sûre. Mais périmée. C'est le contraire de l'originalité.

Quant à l'expérience, elle se bâtit sur des solutions apportées à des situations et à des problèmes du passé. Comme les situations d'hier étaient probablement différentes de celles d'aujourd'hui, on est obligé d'adapter les solutions d'hier (et elles peuvent s'avérer inadéquates) aux nouveaux problèmes. Si vous avez de l'expérience, vous serez sûrement tenté de vous en servir.

C'est de la paresse.

L'expérience est le contraire de la créativité.

Si vous pouvez prouver que vous avez raison, c'est que vous êtes sclérosé. Vous n'évoluez pas avec votre époque ni avec les autres.

Avoir raison, c'est aussi être ennuyeux. Votre esprit est fermé. Vous n'êtes pas ouvert aux idées nouvelles.

Vous êtes emmuré dans vos certitudes ; c'est arrogant. L'arrogance est un outil précieux, mais seulement si on l'utilise avec parcimonie.

Pire encore : le fait d'avoir raison a un côté moralisateur. Quand on reconnaît ses torts, on semble faible ou faillible, et les gens qui ont raison détesteraient qu'on ne les croie pas infaillibles.

En résumé : on a tort d'avoir raison, car ceux qui ont raison sont des gens englués dans le passé, des gens ternes et suffisants, à l'esprit rigide.

Il n'y a rien à en tirer.

ON A RAISON D'AVOIR TORT.

COMMENCEZ à vous tromper, et soudain, tout devient possible.

Vous n'essayez plus d'être infaillible.

Vous êtes en terrain inconnu. Impossible de savoir ce qui peut arriver, mais vos perspectives sont plus exaltantes que si vous essayiez d'avoir raison.

Évidemment, avoir tort n'est pas sans risques.

Les gens ont peur de se faire mal voir en lançant des idées stupides.

Il vous est peut-être arrivé, en réunion, d'inciter les participants à reconsidérer leur façon de penser.

Au lieu de dire : « C'est le genre de suggestion qui amène à des solutions novatrices », l'assemblée se tait, lève les yeux au ciel et reprend la discussion.

L'attitude des gens face au risque est révélatrice. Ceux qui n'en prennent pas cherchent à préserver leurs acquis.

Ceux qui en prennent ne le regrettent généralement pas.

Il y a des risques qui ont de l'avenir, et certains y voient une erreur. Mais avoir raison peut être synonyme de régression, pour prouver d'où l'on vient.

Avoir tort, c'est n'être ni dans le futur ni dans le passé.

Avoir tort, c'est être nulle part ailleurs que dans le présent.

C'est la meilleure place, non ?

N'AYEZ PAS PEUR DES IDÉES STUPIDES.

NOUS AVONS TOUS des blocages.

Nous devons nous débloquer.

Comment ? En oubliant nos inhibitions et en cessant de nous demander si nous avons raison.

John Cleese, l'un des anciens des Monthy Python, l'exprime en termes plus éloquents : « La grande créativité, c'est de réagir aux situations sans se servir de la réflexion critique. » (comme un jeu)

Deux trucs pour vous aider à sortir d'une impasse :

1. Faites le contraire de ce qu'exige la logique.

2. Regardez par la fenêtre. Décidez que ce qui attire votre attention, un oiseau, une antenne de télévision, un vieillard appuyé sur sa canne, sera la solution à votre problème.

La double-page suivante vous aidera peut-être à cesser d'être raisonnable.

THIERRY *and* GUY

2001

FAT *bastard*

CHARDONNAY

Aged in Oak barrels

Vin de Pays d'Oc

12797

Alc. 13.5% By Vol.   Produce of France   750 ml
MIS EN BOUTEILLE A F 84190 PAR DDS
NÉGOCIANT-VINIFICATEUR AU CHÂTEAU CANET, RUSTIQUES (AUDE) FRANCE

Fat bastard = gros lard
C'est ce nom idiot et vulgaire, qui a valu à ce vin français une renommée
internationale en moins de six ans.

Engelbert Humperdinck

Un nom impossible, mais il ne s'en laisse pas conter.

Sale = Soldes
Qui se souviendra de ça ?

Pre-Fire Sale = Soldes avant incendie
Qui oubliera ça ?

Mettez-vous en valeur.

JOUEZ LA BONNE CARTE.

LES PERSONNES sur la colonne de gauche et sur la colonne de droite sont les mêmes. Pourtant, on ne les considère pas de la même façon.

Sur la colonne de gauche, chacun dit ce qu'il est.

Sur la colonne de droite, chacun se montre plus ambitieux. Il dit comment il veut être perçu.

L'image que vous avez de vous-même détermine la façon dont les autres vous perçoivent.

À ses débuts, l'agence de publicité de Charles Saatchi était considérée comme une petite boutique créative.

Il a commandé pour la société un papier à lettres qui ressemble à celui d'une banque. (Environ quinze ans plus tard, il a d'ailleurs essayé de racheter une banque.)

Il a également investi un tiers de son capital dans une annonce en pleine page du *Times*.

Résultat : dans l'esprit du public, la petite boutique de création est devenue une entreprise respectée.

John Ranson

POMPISTE

John C. Ranson

RESPONSABLE
CARBURANTS

Anthony Taylor

ARCHITECTE

Anthony Taylor

ARCHITECTES

Arthur Edburg Jr.

**VICE-PRÉSIDENT ADJOINT
CHARGÉ DE LA SUBDIVISION 2**

Art Edburg

DIRECTEUR

Theodore Smith

PRÉSIDENT-DIRECTEUR
GÉNÉRAL

. (MONDE)

Theodore Smith, le patron (pas de carte).

L'IMPORTANT, CE N'EST PAS CE QU'ON SAIT.

VOUS connaissez tous ce vieux principe. Mais y avez-vous bien réfléchi ?

Prenons un exemple :

Je suis un architecte de talent, employé par un cabinet prestigieux.

Par exemple celui de Richard Rogers.

Cette entreprise connaît ma valeur, je suis respecté et rémunéré en conséquence mais, à l'extérieur, personne ne me connaît.

Je me suis enterré dans mon travail.

Vous, en revanche, vous êtes étudiant en première année d'architecture.

MAIS QUI ON CONNAÎT.

Vous vous faites imprimer des cartes de visite avec la mention : Anthony Taylor, architecte. Ou mieux : Architectes.

Vous êtes dans un bar en train de discuter, vous vous faites mousser et vous présentez vos références, c'est-à-dire votre carte.

Vous serez considéré comme un expert ou un professionnel de l'architecture.

Moi, au contraire, avec mon manque de compétences relationnelles et ma réticence à me mettre en avant, je vais passer inaperçu. Je ne serai rien.

C'est injuste, mais la vie est ainsi faite.

Si vous connaissez les combines, vous pouvez jouer la bonne carte.

NE FAITES PAS DE DISCOURS.
FAITES UN NUMÉRO.

QUAND on assiste à une conférence, c'est pour voir l'orateur, en général, pas pour entendre ce qu'il a à dire.

Ce qu'il a à dire, on le sait. C'est pour ça qu'on va le voir.

Combien de discours avez-vous entendus ? Combien vous sont restés en mémoire ?

Des mots, des mots, des mots.

Dans une chanson, on se souvient d'abord de la mélodie. On commence à retenir les paroles ensuite.

Au lieu de régaler votre auditoire avec votre esprit et votre sagesse (des mots), essayez de lui peindre un tableau.

Plus votre présentation sera forte visuellement, plus on s'en souviendra.

Et, mieux encore, on se souviendra de vous.

Un directeur financier.

Une vache à lait.

Un discours n'est pas obligé d'être soporifique.
Pas même celui d'un directeur financier.

ÊTRE LICENCIÉ PEUT VOUS FAIRE PROGRESSER DANS VOTRE CARRIÈRE.

SI VOUS êtes licencié, ça signifie souvent que vous n'êtes pas en phase avec votre entreprise.

Que ce poste n'est pas fait pour vous.

J'ai été remercié cinq fois et, à chaque fois, ma carrière a progressé d'un cran.

Autrefois, un licenciement faisait mauvaise impression sur votre CV.

Aujourd'hui, pour certains cabinets de recrutement, c'est un atout, car ça peut révéler votre esprit d'initiative.

Un signe négatif…

… qui devient positif.

Et maintenant, une page de publicité.

POUR FAIRE UNE MAQUETTE, IL FAUT AVOIR UNE IDÉE.

?

VOUS êtes chargé de concevoir une pub magazine pour un client. Tous vos efforts vont tendre vers un objectif et un seul : trouver une bonne idée.

Finalement, la maquette s'aligne sur la mode et les goûts du moment. Grave erreur.

Essayez de travailler la maquette avec le même zèle que vous consacrez à l'idée maîtresse. Ne vous contentez pas de disposer les mots et les images. Inventez une image de marque pour votre client.

Créez un style qui mette en valeur le produit ou le service que vous vendez, et oubliez la mode.

Placez votre annonce au bout du couloir. On doit la reconnaître à cinquante mètres et identifier facilement la marque sans voir son nom. Celui qui la regarde ne serait-ce qu'un instant doit savoir, au moins inconsciemment, qu'il a vu une publicité pour la marque en question. C'est un avantage inestimable pour votre client.

Dans l'exemple de la double-page suivante, le nom de la marque a été effacé. Vous devriez quand même savoir quel produit vante la publicité au bout du couloir.

COMPOSEZ VOTRE ANNONCE EN PARTANT DU POINT LE PLUS FAIBLE.

SI VOUS savez que le logo ou le produit de votre client doit apparaître en gros dans les annonces, n'espérez pas le reléguer discrètement dans un coin. Ça ne collera pas.

Démarrez votre maquette en sachant qu'il faut considérer ce problème à résoudre comme une partie intégrante du projet.

Considérez-le comme un atout et non comme un obstacle.

Entre le client et le département création de l'agence, c'est un bras de fer permanent.

Ce que le client cherche à mettre en avant, c'est son nom, son produit et les mérites de son produit.

Ce que le créatif cherche à mettre en avant, c'est sa propre personne.

Ce que l'agence veut voir ressortir sur la page, c'est son concept.

Pour le client, le logo suffirait.

Pourtant, curieusement, ils ne peuvent se passer l'un de l'autre.

Le créatif a besoin de quelqu'un pour sponsoriser son talent.

Et le client sait que la créativité fait grimper les ventes.

Même chez Procter & Gamble, on le reconnaît.

Les torts ne sont pas toujours du côté du client. C'est presque toujours la mode qui dicte la maquette.

Ne soyez pas à la mode.
Prenez des risques.

Inspirez-vous de Stravinsky qui disait : « *Je n'écris pas la musique, je l'invente* ».

UN CROQUIS SOMMAIRE EST PLUS VENDEUR QU'UNE MAQUETTE FINALISÉE.

1. SI VOUS montrez à un client un projet fignolé sur ordinateur, il y a de grandes chances pour qu'il le refuse.

Pour lui, vous en avez fait trop ou pas assez. Dans les deux cas, ça ne va pas.

Vous le mettez devant un fait accompli.

Il n'a plus rien à faire. Ce travail n'est pas le sien, c'est le vôtre. Il ne se sent pas impliqué.

S'il n'aime pas le visage de la fille sur la photo, la coupe du pantalon de l'homme sur la droite ou la voiture qu'il conduit, il refusera le projet.

Il ne verra pas l'idée générale. Il regardera le visage de la fille en se disant : « Elle ne me plaît pas, ça ne va pas ».

Il aura beaucoup de mal à imaginer autre chose si vous lui présentez un projet où de pareils détails sont déjà réglés.

2. Montrez au client un simple croquis.

Expliquez-le-lui, convainquez-le progressivement, laissez-le se servir de son imagination.

Faites-le participer.

Comme vous n'avez pas présenté un projet finalisé, il reste une marge d'interprétation, et vous pouvez l'enrichir et le modifier au fur et à mesure.

Collaborez avec le client au lieu de le mettre devant une idée arrêtée.

Client laissé à l'écart.   Client mis à contribution.

SI VOUS SÉCHEZ, CHANGEZ DE STYLO.

N'HÉSITEZ pas à changer d'outil pour vous débloquer l'esprit.

Pendant trente ans, j'en ai vu défiler, des maquettes sans âme dessinées au feutre sur du papier.

D'accord, la simplicité aide à rester concentré sur l'idée directrice, mais elle donne parfois des maquettes bien ternes.

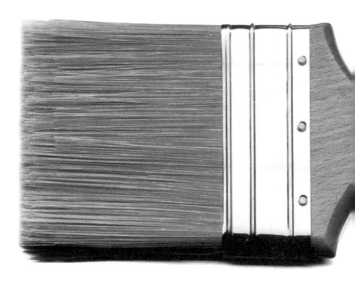

Pensez donc à l'aquarelle, au fusain, au crayon, au stylo plume avec de la vraie encre. Utilisez des peintures et des pinceaux de décoration. Agrandissez une maquette minuscule. Essayez tout ce qui vous passe par la tête.

Ce n'est pas une solution en soi, mais ça peut vous ouvrir des pistes. En plus, c'est amusant.

Je me souviens d'avoir fait passer un budget de 150 000 £ à 200 000 £ simplement parce que j'avais réalisé un story-board à l'aquarelle.

En plus de séduire le client, mon story-board a donné le ton à l'ensemble du projet.

À chaque client son instrument.

LE TRAVAIL DE VOS PRESTATAIRES DÉPEND DE VOUS.

Quand vous confiez votre projet à un prestataire, n'espérez pas qu'il fera des miracles. Ce serait en vain.

C'EST VOUS le magicien.

La tâche d'un directeur artistique consiste à amener des gens de talent à se surpasser.

Tâche difficile.

Si vous donnez carte blanche à un réalisateur, il fera ce qui lui plaît en pensant que c'est ce que vous attendez de lui.

Ce qui n'est pas forcément le cas.

Vous l'avez choisi pour ce qu'il a fait de mieux ou pour ce qui, dans son curriculum, se rapproche le plus de ce que vous recherchez.

Il n'a peut-être été génial qu'une ou deux fois dans sa carrière, et vous comptez sur une prestation de ce niveau-là.

N'y comptez pas trop.

Si vos consignes sont trop précises, il n'aura pas la liberté suffisante pour vous apporter ce que vous attendez.

Votre tâche, c'est de l'inspirer. Tout un art.

C'est à vous de lui présenter une vision qui l'incitera à explorer des registres inédits pour lui.

Même chose pour les photographes, les typographes, les illustrateurs, les coloristes, les rédacteurs, les musiciens et les techniciens.

C'est à vous de les guider et de les éclairer.

Ils vous écouteront tous si vous les aidez à trouver une meilleure marche à suivre.

Mais vous devez paraître sûr de vous.

Ce qui compte, ce sont vos convictions, pas celles du client ou de votre patron.

Cette mission est la vôtre.

Inutile de consulter vos supérieurs, ils choisiront la prudence.

À vous de jouer. QUITTE OU DOUBLE.

N'AYEZ PAS PEUR DE TRAVAILLER AVEC LES MEILLEURS.

LES PLUS GRANDS sont parfois difficiles à gérer. Ils sont déterminés, polarisés sur leur idée. C'est ce qui fait leur talent. Ils évitent les compromis.

Ils peuvent être intimidants, surtout pour les jeunes, mais si vous les abordez en montrant que vous voulez faire quelque chose de bien, ils réagiront de façon positive.

Car eux aussi, ils aiment le travail bien fait.

Et si vous êtes clair et ferme dans vos directives, ils y trouveront peut-être à redire, mais ils vous respecteront – si ce n'est sur le moment, du moins par la suite (je n'ai pas dit que ce serait facile).

Cette collaboration ne vous garantit pas d'obtenir un chef-d'œuvre, mais c'est plus probable que si vous travaillez avec monsieur Tout-le-Monde sympathique.

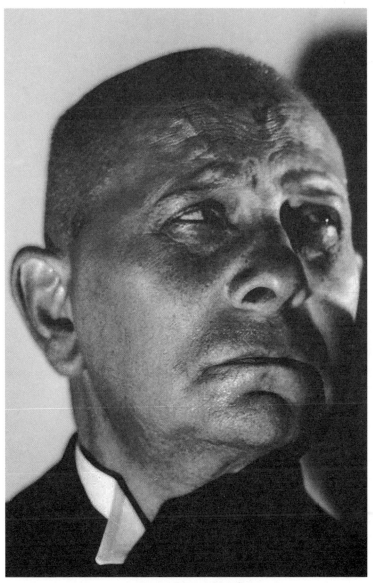

Le réalisateur Erich von Stroheim.
Détesté par beaucoup, adoré par ceux qui voyaient plus loin.

ALLEZ VOIR AILLEURS QUE DANS LA PUB.

DEMANDEZ à un directeur d'agence qui a conçu la campagne Volkswagen de 1989, il vous le dira.

Demandez-lui qui est le directeur de la Comédie-Française, il ne le saura pas. La plupart des publicitaires vivent en vase clos.

En publicité, 90 % de l'inspiration vient de la publicité.

On trouve les mêmes livres dans toutes les agences.

Certes, connaître les techniques et les ficelles de la publicité peut être très utile, voire essentiel.

C'est vrai, les gens sont à la recherche de nouveautés, mais c'est parfois pour mieux les copier.

Pour être vraiment original, cherchez l'inspiration dans des sources inattendues.

NE CHERCHEZ PAS À GAGNER UN PRIX.

TOUT LE MONDE, ou presque, aime recevoir des prix.

On y gagne du prestige, et le prestige génère des revenus.

Mais attention.

Les prix sont décernés par des jurys qui s'accordent sur ce qui est connu.

En d'autres termes, sur ce qui est à la mode.

Or l'originalité ne peut pas être à la mode, parce qu'elle n'a pas encore reçu l'approbation du jury.

N'essayez pas de suivre la mode.

Restez fidèle à votre sujet et vous aurez beaucoup plus de chances de créer quelque chose d'intemporel.

L'art, le vrai, est intemporel.

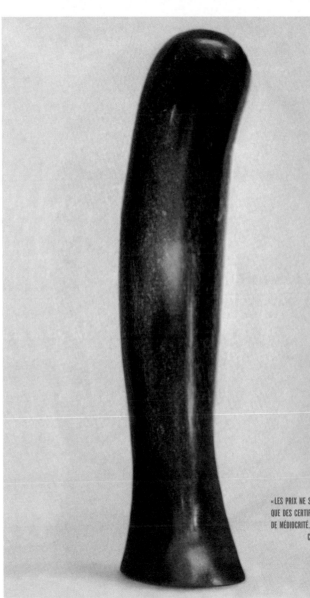

«LES PRIX NE SONT
QUE DES CERTIFICATS
DE MÉDIOCRITÉ.»
Charles Ives

*Pas besoin d'être un créatif
pour être créatif.*

COMMENT RENFORCER LE PRESTIGE DE VOTRE ENTREPRISE.

NOUS AVONS TOUS envie d'être fiers de l'entreprise qui nous emploie.

Cela affermit notre réputation, nous donne – ainsi qu'aux autres – une bonne image de nous-mêmes, nous permet de rencontrer des gens importants.

La plupart d'entre nous veulent travailler pour une société prestigieuse.

Si vous êtes employé par l'une de ces sociétés, c'est sans doute pour ce qu'elle peut vous apporter.

Mais tout le monde n'a pas la chance de travailler pour une boîte aussi convoitée.

Sachant qu'il n'y a pas que des imbéciles dans la vôtre, que pouvez-vous faire, vous personnellement, pour qu'elle devienne l'entreprise de l'année ?

D'abord, en dire du bien.

Adoptez l'état d'esprit et le comportement d'un gagnant.

Ainsi, vous stoppez la gangrène. Vous enrayez la spirale des pensées négatives et des attitudes défaitistes.

Si vous rencontrez des gens qui dénigrent la boîte, argumentez avec eux. S'ils persistent, faites-leur comprendre que leur place est ailleurs.

Vous allez vite faire passer le message.

Ne comptez pas sur la direction pour vous ouvrir la voie. Elle a trop à faire avec la gestion de la société.

Fixez-vous comme but d'en faire une entreprise de premier rang ; tout au moins, décidez de faire avancer les choses.

Sachez que le renom d'une maison repose souvent sur un ou deux clients clés.

Choisissez ensuite le terrain où vous comptez livrer bataille.

N'oubliez pas que la réputation d'une société est bâtie sur une ou deux personnes. Soyez celle-là, ou l'une d'elles.

Vous avez fait la moitié du chemin. Votre décision est prise. Vos seuls atouts sont votre intelligence, votre talent, votre courage… et ce petit livre.

Vous êtes le seul à pouvoir agir. À vous de jouer. Vous pouvez faire mieux que ça.

UN CHEF DE GROUPE PEUT JOUER UN RÔLE CLÉ.

UNE FOIS, je suis allé voir une agence belge qui avait un client dans l'automobile.

Elle avait passé un accord avec lui.

95 % du budget serviraient à satisfaire le client en lui proposant les publicités qu'il réclamait. Les 5 % restants seraient affectés aux propositions que l'agence préférait... et que le client était tenu d'accepter.

Quelle bonne idée.

Le client est content car on lui donne ce qu'il veut de bonne grâce.

L'agence est contente car 5 % de liberté créative, c'est bien plus enthousiasmant et gratifiant que 100 % de compromis. Quel client formidable, se dit-elle.

En passant un accord inhabituel, le chef de groupe a fait remonter considérablement le moral des créatifs et la qualité de leur travail.

UN CHEF DE PUB JUNIOR PEUT JOUER UN RÔLE CLÉ.

SI VOUS travaillez sur le dossier d'une grosse entreprise, vous pouvez soit vous retrancher derrière la hiérarchie, soit utiliser votre esprit d'initiative pour promouvoir l'image de votre agence et la vôtre.

Comment ? Bonne question.

Justement, j'ai un exemple.

Vous avez un budget (modeste) à votre disposition. Réservez-en une partie pour entreprendre dans un petit coin de votre grand chantier un projet éblouissant et novateur.

Persuadez les meilleurs créatifs de consacrer un peu de temps supplémentaire à cette recherche particulière.

Demandez au directeur artistique (si vous lui faites confiance) d'en superviser la qualité. Pas par prudence diplomatique mais par souci d'excellence.

Avec l'argent mis de côté, réalisez l'annonce.

Ensuite, montrez-la au client. Elle ne lui plaira peut-être pas, mais il pourrait aussi accepter de payer pour sa diffusion.

S'il refuse, arrangez-vous pour la faire diffuser vous-même. Il me semble qu'une station de radio irlandaise ne demande pas plus de 60 £ aux heures de grande écoute.

Occupez-vous de sa promotion. Participez à des concours s'il le faut.

Si vous échouez, recommencez.

Bien sûr, c'est risqué. En cas d'échec, vous vous ferez taper sur les doigts, voire, au pire, renvoyer.

Mais en cas de succès...

Vous étiez tout en bas de l'échelle, et maintenant tous les créatifs veulent travailler avec vous.

C'est en vous que la direction met ses espoirs : « Celui-là, il ira loin. »

Le nouvel esprit de l'agence, c'est vous.

UN ACHETEUR D'ESPACES PEUT JOUER UN RÔLE CLÉ.

CE SONT avant tout les acheteurs d'espaces qui déterminent où, quand et sous quelle forme les publicités seront diffusées.

Ils se fient aux statistiques et à la logique pour arrêter leur choix et, prudents, s'écartent peu des sentiers battus.

C'est pourquoi, dans mon premier poste de directeur artistique, j'ai choisi de partager mon bureau avec le responsable des achats d'espaces.

Nos annonces ont gagné en visibilité.

Passer une publicité pour une moto dans un magazine féminin, ou même une publicité pour de la lingerie dans une revue de moto, ce n'est pas forcément une idée idiote.

Nouveaux horizons.

QUE SIGNIFIE LE MOT « CRÉATIF » ?

À votre avis, que vaut ce tableau ? *Réponse en dernière page.*

C'EST le terme « créatif » qui fait marcher les agences de publicité.

Sans lui, pas d'agences.

Dans les cahiers des charges, c'est la première directive.

Mais qu'est-ce qu'on entend par le mot « créatif » ?

Chaque client lui donne un sens différent.

Avec certains, il faut comprendre : « Je veux la même chose que mes concurrents, mais autrement. »

Avec d'autres, tout simplement : « Je voudrais un nouveau *jingle*. »

Avec d'autres encore : « Donnez-moi la même chose que ce que je fais depuis vingt ans, mais pas tout à fait. »

99 % d'entre eux réclament ce qu'ils connaissent déjà.

Il paraît que Procter & Gamble a pour devise : « La créativité dans la continuité ».

Sur dix mille clients, un seul pensera vraiment : « Donnez-moi ce que je n'ai jamais vu. »

Alors, avant de préparer votre argumentaire, cernez avec précision ce que votre client veut dire quand il emploie le terme « créatif ».

Sa définition diffère sans doute de la vôtre.

COMMENT AMÉLIORER VOS CHANCES DE RÉUSSITE.

LE MOMENT de la présentation, ou «démo», est synonyme de fête pour tout le département création. C'est l'occasion d'oublier les contraintes des dossiers en cours.

Il permet aussi à chacun de faire étalage de son talent. C'est un moment palpitant, bon pour le moral, où l'on négocie âprement.

Un client verra jusqu'à cinq présentations qui peuvent se dérouler sur cinq jours consécutifs.

Ce qui signifie qu'il verra défiler devant lui entre cinq et dix campagnes, avec une vingtaine de maquettes par campagne.

Au total, environ deux cents idées concurrentes.

Pour ajouter à la confusion, chacun des membres de sa délégation a ses propres objectifs et sa propre idée de ce qui est créatif.

S'ils prennent la mauvaise décision, ça n'a donc rien d'étonnant.

Comment les aider à prendre la bonne décision ?

Le pouvoir des slogans.

Si vous parvenez à synthétiser l'impression que le client veut donner de son entreprise mais n'est pas capable d'exprimer lui-même, vous avez gagné.

Il est à vous.

Voici sept exemples :

LE MAGAZINE QUI CHANGE LE SENS DE VOS WEEK-ENDS . . . . *Le Monde 2*

CRÉATEUR D'AUTOMOBILES . . . *Renault*

FAIRE DU CIEL LE PLUS BEL ENDROIT DE LA TERRE . . . . *Air France*

AGITATEUR DEPUIS 1954 . . . . *Fnac*

PENSEZ AUTREMENT . . . . *Apple*

LA COMPAGNIE PRÉFÉRÉE DU MONDE ENTIER . . . . *British Airways*

LA VOITURE DEVANT VOUS EST UNE TOYOTA . . . . *Toyota*

Si ces slogans ont emporté l'adhésion, c'est parce qu'ils ont rendu le PDG et son équipe fiers de représenter leur entreprise.

Répétez le slogan.
Répétez le slogan. Répétez le slogan.

Au lieu de couvrir les murs d'idées disparates ou de reléguer votre slogan dans un petit coin en bas à droite de la page, intégrez-le à l'accroche principale.

Comme ceci :

Ou comme ceci :

De vingt idées à présenter, vous passez à une seule.

Avec chaque publicité que vous lui présentez, votre idée peut s'imprimer dans l'esprit du client.

Affichez les couleurs de votre client.

Par exemple, si vous travaillez pour BP, dont le logo est vert et jaune, adoptez ces couleurs dans votre présentation.

Et si votre client est fier de son **LOGO** faites-le apparaître en gros, quitte à frustrer vos envies esthétiques. En voyant le nom de sa société, votre client sera rassuré.

N'oubliez pas qu'à la base de toute publicité, il y a un nom.

Présentez les maquettes en premier.

Combien de plans médias, de conclusions d'enquêtes et de plans de campagne interminables faut-il subir avant de découvrir enfin ce que tout le monde attend : le travail des créatifs ?

Essayez de commencer la présentation par là. Si le client est séduit, il écoutera avec intérêt tout ce qui se dira ensuite.

S'il n'aime pas, de toute façon vous êtes fichu, et la réunion durera moins longtemps.

Ne mettez pas les meilleurs éléments sur un nouveau dossier.

Lors d'une première rencontre, des clients conservateurs risquent de mal accueillir un projet trop original, trop subversif. Or c'est sans doute ce que proposeraient les créatifs les plus cotés de l'agence.

Confiez ce travail à ceux qui ont l'habitude de rattraper le coup pour l'agence.

Leur dossier ne sera peut-être pas aussi éblouissant, mais ils auront travaillé intelligemment et le client se reconnaîtra plus facilement dans leur idée.

Enfin, privilégiez le mardi.

Revenons à nos cinq présentations, une pour chaque jour de la semaine.

Arrivé au vendredi soir, le client sera tellement submergé par la quantité et la qualité de ce qu'il aura vu qu'il lui semblera impossible de prendre une décision.

Ses impressions au jour le jour :

Lundi – réunion formidable, travail formidable, gens sympathiques.

Mardi – réunion formidable, gens formidables, travail sympathique.

Mercredi – bonne réunion, travail très original, gens jeunes et charmants.

Jeudi – encore une réunion formidable, gens sympathiques, très bon travail.

Vendredi – énième réunion, je ne sais plus.

Il y a gros à parier qu'il choisira la présentation du mardi, la deuxième, car il avait encore les idées claires à ce moment-là.

Le lundi, c'était trop tôt, il manquait de points de comparaison.

Le mercredi et le jeudi, il commençait à saturer. Comme s'il avait mangé trop de chocolat.

Le vendredi, indigestion.

Ultimes réflexions.

MON MEILLEUR SOUVENIR.

JE TRAVAILLAIS avec Richard Avedon, à New York, sur un dossier de mode semblable à tant d'autres.

Il s'agissait de robes imprimées de motifs africains.

Je voulais des modèles à la peau noire et huileuse, maculée de poussière et de terre – des filles sauvages. Les femmes noubas de Leni Riefenstahl m'avaient servi de référence.

Avedon m'a demandé s'il pouvait les badigeonner de couleurs ; j'ai dit oui.

Ensuite, il m'a demandé s'il pouvait leur mettre une jupe sur la tête ; j'ai failli m'étrangler mais j'ai dit oui.

Puisqu'on l'avait engagé, autant l'écouter.

J'aurais bien vu un cochon sauvage à l'arrière-plan. Il a dit non, le point important, c'est le sujet lui-même.

J'ai retenu la leçon.

Il semblait beaucoup s'amuser pendant la séance photo. Je lui ai alors demandé pourquoi il était si enthousiaste puisque, dans sa position, il pouvait toujours se permettre de faire tout ce qu'il voulait.

Il m'a répondu : « Tu te trompes, Paul. Je suis engagé par *Vogue* et ce sont eux qui me disent ce qu'ils veulent. Ce qu'ils veulent ne m'intéresse pas toujours, mais j'ai un studio à faire tourner. Alors je le fais. »

Il venait de m'ouvrir les yeux.

J'étais plus libre que lui.

Après la séance photo, je suis sorti dans le crachin de la 74e Rue avec, sous le bras, une boîte jaune de Kodachromes en 20 x 30.

Je conserve de cet instant un souvenir très net.

J'avais l'impression que mes pieds ne touchaient plus le trottoir et je me disais : « Avec des photos pareilles, je vais me faire virer. »

Que valait-il mieux : être licencié pour les avoir faites ou garder mon boulot et ne pas les avoir faites ?

Pour moi, il n'y avait aucun doute : je préférais prendre la porte.

Ces quelques secondes sur la 74e Rue demeurent le meilleur moment de ma carrière dans la publicité.

Quand je suis rentré et que j'ai montré les photos à mon patron, il a pensé que j'étais devenu fou.

Heureusement, elles ont plu au client : « C'est de l'art », a-t-il dit.

Elles ont raflé tous les prix possibles.

Ce qui est moins drôle, c'est que le client, lui, a été viré.

SERMON.

Église Saint-Philippe et de Tous-Les-Saints, Birmingham.

JE NE SUIS PAS qualifié pour vous parler de Dieu. Je vais vous parler de publicité.

La publicité, j'y crois de tout mon cœur.

Quand je dis que je travaille dans la pub, les gens pensent aussitôt, par réflexe, que je vais essayer de leur vendre des choses dont ils ne veulent pas.

Pour eux, la publicité, c'est un peu vulgaire.

Je ne suis ni plus ni moins vulgaire que vous.

Certes, je suis un vendeur. Mais vous aussi.

D'une manière ou d'une autre, vous avez quelque chose à vendre. Vos services ou votre opinion.

Tenez, les réunions Tupperware. Qu'y fait-on à part vendre ?

Quand vous vendez votre voiture, vous la lavez pour la montrer sous son meilleur jour.

Certains mettent même du pain au four pour parfumer leur maison quand ils veulent la vendre.

Vous soignez votre tenue pour un entretien ou une soirée. Ou parfois vous mettez du rouge à lèvres, tout simplement. N'est-ce pas pour vous vendre ?

Le prêtre lui-même a quelque chose à vendre. Il vend ce en quoi il croit : Dieu.

Les faits sont là : tout le monde vend.

Tout le monde fait de la publicité.

La publicité fait partie de la vie.

LES ÉTAPES CRÉATRICES
DE LA VIE.

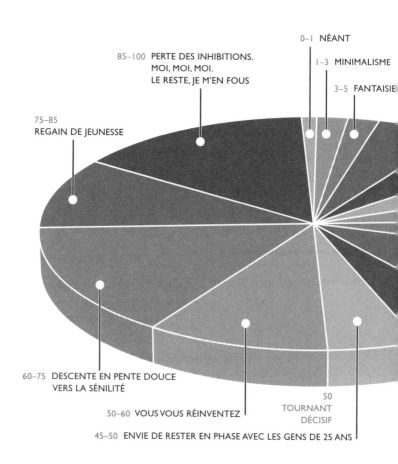

0–1 NÉANT

1–3 MINIMALISME

3–5 FANTAISIE

85–100 PERTE DES INHIBITIONS.
MOI, MOI, MOI.
LE RESTE, JE M'EN FOUS

75–85
REGAIN DE JEUNESSE

60–75 DESCENTE EN PENTE DOUCE
VERS LA SÉNILITÉ

50–60 VOUS VOUS RÉINVENTEZ

45–50 ENVIE DE RESTER EN PHASE AVEC LES GENS DE 25 ANS

50
TOURNANT
DÉCISIF

SELON son acception populaire, la créativité a un rapport avec les arts.

N'importe quoi.

La créativité, c'est l'imagination, et l'imagination est à la portée de tous.

Cette roue vous aidera à comprendre les différentes étapes créatrices de la vie.

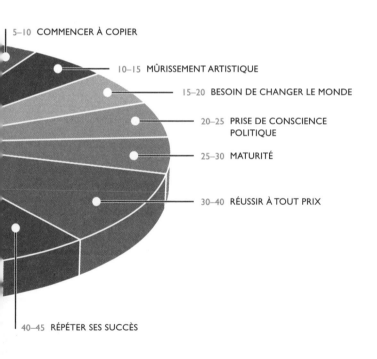

5–10 COMMENCER À COPIER

10–15 MÛRISSEMENT ARTISTIQUE

15–20 BESOIN DE CHANGER LE MONDE

20–25 PRISE DE CONSCIENCE POLITIQUE

25–30 MATURITÉ

30–40 RÉUSSIR À TOUT PRIX

40–45 RÉPÉTER SES SUCCÈS

MOTS D'ESPRIT ET DE SAGESSE.

« Il vaut mieux échouer dans l'originalité que réussir dans l'imitation. »

HERMAN MELVILLE

« Mieux vaut tarte que jamais. »

GROUCHO MARX

« Le rose est le bleu marine de l'Inde. »

DIANA VREELAND

« Réussir, c'est aller d'échec en échec sans perdre son enthousiasme. »

WINSTON CHURCHILL

« Se coucher tôt. Se lever tôt. Travailler dur et faire sa publicité. » DR SCHOLL

« La première chose à décider avant d'entamer une négociation, c'est ce qu'on va faire si l'autre vous dit non. »

ERNEST BEVIN

« Aux vrais sommets, nul raccourci. »

BEVERLY SILLS

« Ceux qui manquent de courage ont toujours une philosophie pour le justifier. »

ALBERT CAMUS

« L'homme supérieur souffre de son propre
manque de capacités. »   CONFUCIUS

« Certains se contentent, pour tout exer-
cice mental, de tirer des conclusions
hâtives. »   HAROLD ACTON

« Ce que l'esprit peut ourdir, l'esprit peut
l'accomplir. »   CLEMENT STONE

« Amenez-moi un homme sain d'esprit et je
vous le guérirai. »   C.G. JUNG

« Si tu es maître de ton véhicule, c'est que
tu ne roules pas assez vite. » MARIO ANDRETTI

« Si tu veux devenir champion, tiens un
round de plus. »   JAMES CORBETT

« Nous ne voyons pas les choses telles
qu'elles sont. Nous les voyons telles que
nous sommes. »   ANAÏS NIN

« Aller à l'église ne vous rend pas plus
chrétien qu'aller au garage ne fait de vous
un mécanicien. »   LAURENCE J. PETER

Parfois, il faut savoir tirer un trait.

POUR UN LIVRE COURT, UNE LONGUE LISTE DE REMERCIEMENTS.

ROGER KENNEDY, responsable de la conception graphique de ce livre, a dirigé pendant vingt ans le service typographie de Saatchi & Saatchi.

La liste de ses récompenses ne tiendrait pas sur cette page.

Dès le début de ce projet, il m'a fait bénéficier de ses compétences de graphiste mais aussi de ses trouvailles visuelles et verbales. Je tiens à le remercier chaleureusement pour toute cette aide.

J'adresse mes remerciements à mon vieil ami et mentor Christopher Macartney-Filgate, qui a contribué à cet ouvrage et a été le premier à me faire comprendre que mon cas n'était pas aussi désespéré que je le pensais.

Merci aussi à Jeremy Sinclair pour m'avoir permis d'accéder au poste que je convoitais – le sien – et m'avoir ensuite toujours soutenu. Merci à lui de m'avoir convaincu d'étoffer l'iconographie de ce livre.

À Andrew Cracknell pour m'avoir suggéré d'écrire ce livre.

À Michael Wharton pour en avoir supervisé la rédaction et pour ses précieux conseils.

À Cathy Heng pour s'être toujours portée à mon secours.

À Lucinda Roberts pour sa bonne nature et son aide inlassable tout au long du projet.

À Amanda Renshaw pour avoir cru en ce livre.

À Christian, Harriet, Sian et Ghokan, mes fidèles supporters.

À mon ami et associé Nick Sutherland-Dodd, avec ma reconnaissance éternelle.

Par-dessus tout, à mon père vénéré, mort en 2002 à l'âge de 98 ans.

Mes remerciements vont également à Alison Jackson, Graham Cornthwaite, Nancy Foutts, Richard Avedon, Melvyn Redford, Bob Carlos-Clark, John Pallant, Matt Ryan et Jade Trott qui m'ont gentiment autorisé à utiliser leurs images.

Phaidon
2, rue de la Roquette
75011 Paris

www.phaidon.com

Première édition française 2004
© 2004 Phaidon Press Limited

ISBN 0 7148 9410 9
Dépôt légal septembre 2004

Tous droits réservés. Aucune partie de cette édition ne peut être reproduite, stockée ou diffusée sous quelque forme que ce soit, électronique, mécanique, photocopie, enregistrement, sans l'autorisation de Phaidon Press Limited.

Traduit de l'anglais par Philippe Mothe
Conception graphique : Roger Kennedy
Imprimé en Italie

CRÉDITS PHOTOGRAPHIQUES

Sauf indication contraire, toutes les images sont reproduites avec l'autorisation de Paul Arden. Toute omission involontaire sera rectifiée dans les prochaines éditions. Œuvre originale de Lesley Arden/Courtesy Paul Arden : 124-125 ; photographie © Richard Avedon : 114 ; Courtesy Graham Cornthwaite : 31 ; Courtesy Doyle Dane Bernbach, New York : 37 ; Courtesy Nancy Foutts : 118 ; The Kobal Collection/Paramount : 87 ; The Kobal Collection/RKO : 47 ; Courtesy Mac McAloon : 15, 43 ; Courtesy Melvyn Redford : 29, 44 ; Courtesy Schweppes/ photographie Alison Jackson/Camilla Shadbolt, sosie de Victoria Beckham : 19 ; Courtesy Alex Thompson : 16 ; Courtesy Jade Trott : 108 ; Courtesy Fraser Withers : 20-21.

Page 104 : Ce tableau n'a aucune valeur mais récemment, quelque chose d'assez proche a été vendu 250 000 £ chez Sotheby.